Fabbrica delle idee
(monologhi dei matti)

The Factory of Ideas
(Monologues by the Mad)

Antonello Borra

Translations
Anis Memon

Fomite
Burlington, VT

Copyright © 2019   Antonello Borra
Cover image: Marco Vacchetti
All rights reserved. No part of this book may be reproduced in any form or by any means without the prior written consent, except in the case of brief quotations used in reviews and certain other noncommercial uses permitted by copyright law.

ISBN-13: 978-1-944388-78-2
Library of Congress Control Number: 2018967665
Fomite
58 Peru Street
Burlington, VT 05401

*per Antonio Borra, medaglia d'argento al valor militare,
prigioniero per oltre quarant'anni, come tanti,
delle idee di qualcun altro*

*for Antonio Borra, awarded the silver medal for military valor,
a prisoner for over forty years, like many others,
of someone else's ideas*

Fabbrica delle idee

1)
c'è un angelo custode
che quando grido sente
e viene giù dal cielo
e mi dà un pizzicotto
e sussurra parole
che mi calmano subito
così che mi addormento

The Factory of Ideas

1)
there's an angel guardian
when i shout he hears
and comes down from heaven
and pinches me
and whispers words
that instantly soothe me
so i fall asleep

Fabbrica delle idee

2)
in me c'è un altro me
però non sono io
cioè io sono io
ma io è pure l'altro
cioè quell'altro è identico
a guardare da fuori
ma dentro siamo in due
ho un gemello interiore

2)
there's another me in me
but it's not me
i mean it's me
but me is also the other
i mean the other one's identical
looked at from the outside
but inside there's two of us
i have an inner twin

Fabbrica delle idee

3)
nel principio era il verbo
e perché non il nome?
e poi di quale verbo
si parla? non lo dice
come fai a capirlo?
io c'ho pensato tanto
al problema del verbo
che poi si è fatto carne
e ai problemi del padre
che s'è fatto anche figlio
con lo spirito santo
ed è sceso nel mondo
a far luce alle tenebre
che non l'hanno capito
come fai a capirlo?

3)
in the beginning was the word
but why not a name?
and what word are we
talking about? he doesn't say
how are you meant to get it?
i've thought a lot about it
the problem of the word
that became flesh
and the problems of the father
who also became the son
with the holy spirit
and came down to earth
to bring light to all the darkness
that didn't understand him
how are you meant to get it?

Fabbrica delle idee

4)
quando sto sulla sedia
con la testa chinata
sul petto con le mani
sul petto che respiro
e sento che le mani
mi si alzano e si abbassano
ma la testa sta ferma
chinata gli occhi chiusi
e sento il mio respiro
e non c'è più nient'altro
so che sono contenta

4)
when i sit on a chair
with my head bowed
on my breasts with my hands
on my breasts, breathing
and i feel my hands
rising and falling
but my head stays firm
bowed my eyes closed
and i hear my breathing
and there's nothing else
i know i'm happy

Fabbrica delle idee

5)
alla mia festa viene
sempre un mucchio di gente
e mi portano tutti
dei regali bellissimi
e io faccio il discorso
e dico che gli amici
sono il più bel regalo
e poi facciamo il brindisi
e tutti sono allegri
io però so che dentro
giù in fondo sono triste
e che dopo la festa
rompo i piatti e i bicchieri

5)
a whole bunch of people
always come to my party
and they all bring me
lovely presents
and i make a speech
and i say that friends
are the best present
and then we make a toast
and everyone is happy
but i know that inside
deep down inside i'm sad
and that after the party
i'll break the glasses and plates

Fabbrica delle idee

6)
basta chiederlo no?
per capirlo lo chiedi
se ci sta te lo dice
tu le dici ci stai?
senza tante parole
e se quella ci sta
e ti dice ci sto
è fatta e andate a fare
quel che vi va di fare
ma a volte ti succede
che tu chiedi ci stai?
e quella dice no
oppure non risponde
e nemmeno ti guarda
o ti guarda e ti dice
cosa vuoi? ma sei matto?
o ma per chi mi hai presa?
o togliti di mezzo
se no chiamo le guardie
o ma va' un po' affanculo
o guarda che ho marito
fratello fidanzato
che è lo stesso e vuol dire
che queste non ci stanno
che è meglio non insistere
perché può finir male
ma ti può anche succedere

6)
it doesn't hurt to ask right?
if you want to know you ask
if she's down she'll tell you
you tell her you down?
just like that
and if she's down
and she says i'm down
it's all good and you go and do
whatever you want to do
but sometimes when
you ask you down?
and she says no
or maybe she doesn't answer
and she doesn't even look at you
or she looks at you and says
what do you want? are you out of your mind?
or what do you take me for?
or beat it
or i'll call the cops
or get the fuck away
or listen i'm married
my brother, my boyfriend
six of one and it means
that none of them is down
and it's best not to push things
since it could end poorly
but you might also

Fabbrica delle idee

che tu chiedi ci stai?
e quella dice quanti
soldi c'hai nelle tasche?
ma questo è un altro caso
e ne parliamo un'altra
volta che ci parliamo

The Factory of Ideas

ask you down?
and she says how much
money you got?
but that's another matter
and we can talk about that
the next time we talk

Fabbrica delle idee

7)
porto il quarantadue
di scarpe ma ho imparato
che se le porto più
piccole quarantuno
a volte anche quaranta
che così fanno male
con la testa sto meglio

7)
i wear a size eight
but i've discovered
if i wear a size smaller
maybe a seven-and-a-half
or even a seven
and they pinch my feet
my head feels better

Fabbrica delle idee

8)
io lo conosco il diavolo
l'ho visto tante volte
ha le fiamme negli occhi
e ti mette anche a te
le fiamme nella carne
quando mette le mani
proprio in mezzo alle cosce
che lì per lì ti piace
ma quando lo racconti
al prete confessore
capisci che hai peccato
e che vai all'inferno
se non ti sposi presto

8)
the devil yeah i know him
i've seen him many times
he's got flames in his eyes
and he puts flames
in your flesh too
when he puts his hands
right there between your thighs
and right there and then you like it
but when you tell
the priest about it
you realize you've sinned
and that you'll go to hell
if you don't get married quick

Fabbrica delle idee

9)
dio vede e poi provvede
e ci vuole salvare
dalle fiamme infernali
e ha mandato suo figlio
a riscattarci tutti
tutti meno le donne
perché il figlio assomiglia
al padre e a tutti gli uomini
di buona volontà
mica è come le donne
che hanno colpa di tutto
eva era una puttana
che andava col serpente

9)
god sees us and looks after us
and he wants to save us
from the fires of hell
and he sent his son
to save us all
everyone except the women
since the son takes after
the father and all men
of good will
he's not like women
who are to blame for everything
Eve was a whore
who went with the serpent

Fabbrica delle idee

10)
nel materasso avevo
tante belle mazzette
coi biglietti da mille
tutti bene ordinati
con l'elastico attorno
mio cugino mi ha detto
perché non vai in banca
e gli porti i tuoi soldi?
apri un conto corrente
e prendi l'interesse
che non è così tanto
però è meglio di niente
e dentro al materasso
quando ti pisci addosso
ai biglietti da mille
vedi cosa succede
o se tornano i topi
e rosicchiano tutto?
io c'ho pensato bene
e ho detto a mio cugino
che i miei soldi volevo
tenermeli con me
anche se un po' puzzavano
di piscio o qualche topo
li aveva rosicchiati
che farmeli fregare
dalle banche che prima

10)
in my mattress i kept
lots of nice rolls
of $5 bills
all nice and orderly
with a rubberband around them
my cousin said
why don't you go to the bank
and bring them all your money?
you open a bank account
and get interest
it's not a lot
but it's better than nothing
and inside your mattress
when you piss yourself
look what happens
to your $5 bills
or if the mice come back
and nibble on them?
i thought it over
and told my cousin
that i'd rather keep
my money with me
even if it smells a bit
like piss or some mouse
has nibbled the notes
than get screwed out of them
by any bank that's going

Fabbrica delle idee

o poi fan fallimento
e tu tutti i tuoi soldi
non li vedi mai più

The Factory of Ideas

to go under sooner or later
and you you'll never see
any of your money again

Fabbrica delle idee

11)
volevo tanto un figlio
ma poi mi è nato morto
lui che doveva piangere
non piangeva piangevo
io poi solo il silenzio
c'era tutto un silenzio
attorno e nella testa
sentivo che il silenzio
era un lungo discorso
che facevo a mio figlio

11)
i wanted a child so badly
but he was stillborn
it was meant to be him crying
but he wasn't crying i was
crying then nothing but silence
there was silence
all around and in my head
i could hear that the silence
was a long talk
i had with my child

Fabbrica delle idee

12)
io sono sempre stata
un'artista del ballo
e ballo tutti i giorni
mi metto sulle punte
come al lago dei cigni
ma ballo anche il can can
mi tiro su il mio camice
e mostro le mutande
peccato per l'orchestra
io comunque la musica
la faccio con la voce
zum zum zum zum zum zum
quando faccio il can can
trallallero lallero
lallà che non ricordo
mai com'è che si chiama
ma c'ho un bel repertorio

12)
i've always been
an artist of the dance
and i dance every day
i put on pointe
like at swan lake
but i also dance the can-can
i pull up my gown
and show off my underpants
too bad about the orchestra
anyway i can make
music with my voice
dum dum dum dum dum dum
when i do the can-can
tum ta tum ta tum
ta tum i never
remember the title
but i have quite the repertoire

13)
quando non c'è un perché
non c'è un perché perché
se ci fosse un perché
non ci sarebbe il caos
dentro a questa mia testa
perché i dottori avrebbero
capito i miei problemi

13)
when there's no explanation
there's no explanation because
if there were an explanation
there would be no chaos
inside my head here
because the doctors would
have figured out my problems

14)
c'è una calma profonda
dentro al bianco del muro
ma devi concentrarti
devi guardare un punto
fisso senza distrarti
e dopo un po' sei dentro
e quando sei lì dentro
non ci sono rumori
non grida più nessuno

14)
there's a deep calm
inside the white of the walls
but you have to concentrate
you have to stare at a point
without getting distracted
and then after a bit you're inside
and when you're inside
there are no sounds
there's no one yelling anymore

Fabbrica delle idee

15)
alla televisione
ci sono stato anch'io
era un gran bel programma
ero tutto vestito
elegante la giacca
la cravatta le calze
la camicia le scarpe
i pantaloni e sotto
le mutande pulite
la canottiera nuova
perfino la cintura
e un fazzoletto nuovo
nel taschino davanti
però da non usare
nel caso mi veniva
da piangere c'avevo
il fazzoletto in tasca
e quello nel taschino
era solo per fare
una bella figura
alla televisione

15)
i've been on
tv too
it was a really swell show
i was all dressed
up jacket
tie socks
shirt shoes
trousers and underneath
clean underpants
new undershirt
even a belt
and a new handkerchief
in my breast pocket
but not to use
in case i started
crying i had
a hanky in my pocket
and the one in my breast pocket
was just to
look good
on tv

Fabbrica delle idee

16)
io non capisco proprio
la questione degli atti
impuri che li vietano
perché sono un peccato
se non sai che è peccato
li fai e sei contento
ed essere contento
non è mica un peccato
esser triste è un peccato

16)
i really don't understand
the issue of impure
acts they forbid them
because they're sinful
if you don't know they're sinful
you engage in them and you're happy
and it's no sin
to be happy
it's a sin to be sad

Fabbrica delle idee

17)
se ero a casa ero triste
quando uscivo ero triste
una volta non era
così poi però un giorno
qualcosa in me si è rotto
si è fatto un buco un vuoto
e la tristezza è entrata
la tristezza di tutto
il mondo è entrata in me
adesso tutti gli altri
possono essere allegri

17)
when i was at home i was sad
when i went out i was sad
once it wasn't
like that but then one day
something inside me broke
a hole opened up an emptiness
and sadness crept in
the sadness of the whole
world crept inside me
now everyone else
can be happy

Fabbrica delle idee

18)
c'è un buco dentro al cielo
che si allarga ogni giorno
come una bocca immensa
che ci vuole inghiottire
io l'ho detto al dottore
e l'ho detto anche al parroco
perché attraverso il buco
si vede dio che guarda
giù con la faccia triste
e sembra voler dire
ma che state facendo?

18)
there's a hole in the sky
that's getting bigger every day
like a gigantic mouth
that wants to swallow us up
i told the doctor about it
and i also told the priest
because if you look through the hole
you can see god looking
down on us with a sad face
and he seems to be saying
what on earth are you doing?

19)
a me i maschi mi guardano
in un modo diverso
soprattutto le tette
che io c'ho belle grosse
e con la scollatura
le faccio un po' vedere
ma non troppo perché
il troppo stroppia e pensano
che sono una di quelle
signore che si fanno
pagare mentre invece
a me se uno mi guarda
in quel modo diverso
ed è pure un bell'uomo
che chiede gentilmente
non mi faccio i problemi
che dice mio marito
che una donna sposata
dovrebbe sempre farsi
ma anche lui è sposato
mica se li è mai fatti
quegli stessi problemi

19)
men look at me
in a different way
especially my tits
mine are nice and big
and with a low neckline
i kind of show them off
but not too much because
you can have too much of a good thing
and they think i'm one of those
ladies who ask for
money but in reality
if someone looks at me
in that different way
and if he's also handsome
and he asks nicely
i don't have any issues
of the kind my husband
says a married woman
should always have
but he's married too
and he's never had
any of those issues

Fabbrica delle idee

20)
quando sono nel letto
e spengono la luce
sento il sonno che sale
e mi prende paura
se poi non mi risveglio?
se mi viene su il vomito
e soffoco nel sonno?
se l'angelo del male
entra in questo salone
e ci stermina tutti?
se l'infermiere perde
il senno all'improvviso
e mi taglia la gola?
se arriva il terremoto
e viene giù il soffitto?
come fai a dormire?

20)
when i'm in bed
and they turn off the light
i can feel sleep creeping up
and i get scared
what if i never wake up?
what if i throw up
and choke in my sleep?
what if the dark angel
comes into this room
and wipes us all out?
what if the nurse suddenly
loses his mind
and cuts my throat?
what if there's an earthquake
and the ceiling falls in?
how can anyone sleep?

Fabbrica delle idee

21)
riposo! attenti! attenti!
sull'attenti plotone
d'imbecilli! puniti!
tutti quanti puniti!
vi hanno messo qui dentro
perché siete imbecilli!
ritardati mentali!
tutti cerebrolesi!
un branco di cretini!
riposo attenti è facile
tutti quanti puniti!
questa sera non esce
nessuno tutti dentro!

21)
at ease! attention! attention!
at attention gang
of idiots! detention!
everyone in detention!
they put you in here
because you're idiots!
mentally retarded!
all brain-dead!
a bunch of morons!
at ease attention it's easy
everyone in detention!
tonight no one
goes out everyone inside!

Fabbrica delle idee

22)
a me piacciono i maschi
e l'ho detto a mio padre
ma lui m'ha dato un sacco
di botte e poi mi ha detto
che non ero suo figlio
che gli facevo schifo
poi ha detto alla mamma
che la colpa era sua
e la mamma piangeva
e chiedeva perché
le avevo fatto questo
proprio io che ero sempre
stato un bravo ragazzo
e da allora ho capito
che non lo devi dire
se ti piacciono i maschi
né a mamma né a papà
anzi è meglio non dirlo
a nessuno altrimenti
ti dicono che sei
un culattone un frocio
una checca o parole
che sono anche più brutte
che a forza di sentirle
pensi di essere un mostro
ma i mostri sono quelli
che ti prendono in giro

22)
i like men
and i told my father
but he just beat me
to a pulp and said
i wasn't his son
that i made him sick to his stomach
then he told mom
that it was all her fault
and mom cried
and asked me why
i'd done this to her
me who'd always
been such a good boy
and that's when i realized
you mustn't say
that you like men
not to mom not to dad
in fact it's better not to tell
anyone otherwise
they'll tell you that you're
a faggot a fairy
a queen or even
nastier words
and when you hear them over and over
you begin to think you're a monster
but they're the monsters
the ones who make fun of you

Fabbrica delle idee

23)
con tutto quel che ho scritto
qualcuno prima o poi
se ne accorge e mi danno
il premio come a quello
che scrive sul giornale
che non mi sembra un grande
artista ma si sa
che tutto quel che conta
è chi ti raccomanda
e nessuno al momento
mi vuol raccomandare

23)
what with all the things i've written
sooner or later someone
will notice and they'll give me
a prize like they gave the guy
who writes for the newspaper
who doesn't seem all that great
an artist to me but everyone knows
that all that matters
is who puts in a good word for you
and at the moment no one
wants to put in a good word for me

Fabbrica delle idee

24)
ogni tanto mi faccio
un goccetto magari
anche due di nascosto
perché i dottori dicono
che a me non mi fa bene
ma a me che me ne frega
se campo un anno in meno?
non conta solo il corpo
conta pure lo spirito

24)
every once in a while
i raise a glass to my own health
maybe two glasses in secret
because the doctors tell me
that it's not good for me
but what do i care
if i die a year sooner?
the body isn't everything
you also have to keep your spirits up

Fabbrica delle idee

25)
e lasciatemi in pace!
a voi che ve ne importa
se voglio stare solo?
se mi piace parlare
da solo? borbottarmi
pian piano i miei discorsi
che tanto non capite
e che non vi interessano
e lasciatemi in pace
in pace in pace in pace

25)
so leave me in peace!
what do you all care
if i want to be on my own?
if i like talking
to myself? mumbling
my thoughts slowly
that you don't understand anyway
and that you aren't interested in
so leave me in peace
in peace in peace in peace

Fabbrica delle idee

26)
che noia i maschi pensano
solo sempre a una cosa
per noi donne è diverso
noi stiamo bene insieme
a chiacchierare a ridere
possiamo pure piangere
stringerci strette strette
senza quella violenza
che piace tanto ai maschi
e le nostre carezze
i nostri baci possono
andare dappertutto
senza fare del male
anche dentro a un convento

26)
what a pain men only
have one thing on their minds
for us women it's different
we like to be together
talking laughing
sometimes we even cry
holding each other tight
without all the violence
that men seem to like so much
and our caresses
our kisses can
find their way anywhere
causing no harm
even within a convent

Fabbrica delle idee

27)
dio è puro terrore
non è buono non ama
tutte le sue creature
perché ci fa morire
se ci vuol tanto bene?
il signore è tremendo
io canto inni a un signore
terribile e tremendo
così forse mi stima
perché io lo capisco
e non mi fa morire

27)
god is pure terror
he isn't good and he doesn't love
all of his creatures
why does he let us die
if he loves us so much?
the lord is mighty
i sing hymns to a lord
who is terrible and mighty
so that he may smile upon me
because i understand him
and not let me die

Fabbrica delle idee

28)
se sono suo fratello
e lui è tanto in gamba
vorrà dire che anch'io
c'ho il mio talento cosa
credi? lui fa il dottore
perché anch'io non lo posso
fare? cosa ci vuole?
c'hai la tua bella borsa
con il tuo stetoscopio
e poi gli altri strumenti
e quelle medicine
per tutte le emergenze
che in realtà sono rare
nel novanta per cento
dei casi anzi di più
novantotto per cento
non c'hanno mica niente
si fanno delle idee
come medico devi
ascoltare e alla fine
dare un qualche consiglio
non è una scienza esatta
quella che hanno i dottori
risolvi quasi tutto
con un po' di aspirina
perfino mio fratello
l'ha detto tante volte

28)
if i'm his brother
and he's so capable
it must mean that i
have some talent too don't
you think? he's a doctor
so why can't i also
do that? what does it take?
you've got your nice bag
with your stethoscope
and some other instruments
and all those pills
for every type of emergency
that are actually really rare
ninety percent of the time
actually even more
ninety-eight percent of the time
it's nothing at all
they just get it in their heads
as a doctor you have to
listen and at the end
give some kind of advice
it's not an exact science
what doctors do
you can cure almost anything
with a couple of aspirins
even my brother has
said that so many times

Fabbrica delle idee

e comunque la cosa
più importante di tutte
è sapere ascoltare
ed io sono bravissimo
ad ascoltare sono
molto ma molto più
bravo di mio fratello
che dopo un po' che parlo
mi dice di star zitto
che non capisco niente

The Factory of Ideas

and anyway the most
important thing of all
is knowing how to listen
and i'm really good
at listening i'm
way way better
than my brother
because after i've been talking
for a while he tells me to shut up
because i don't know jack

29)
il mio regno non è
mica di questo mondo
dove l'avete visto
un regno in questo mondo
dove io potrei regnare?

29)
my kingdom is not
of this world
when have you ever seen
a kingom in this world
where i could reign?

Fabbrica delle idee

30)
io c'ho un sacco di roba
è tutta roba mia
non è di nessun altro
se qualcuno la tocca
io gli spacco la faccia
così impara a toccare
la roba che appartiene
a me soltanto a me
è di mia proprietà
mia esclusivamente
cioè di nessun altro
che non sia il sottoscritto

30)
i've got a ton of stuff
it's all my stuff
it's no one else's
if anybody touches it
i'm gonna kick their ass
that'll teach 'em to touch
stuff that belongs
to me and only me
it's my property
mine all mine
i mean it's no one else's
but yours truly's

Fabbrica delle idee

31)
d'aborti io ne ho fatti
dieci per mio marito
che mi diceva sempre
che di aborti le donne
ne possono anche fare
cento senza problemi
basta farli per tempo
che gliel'hanno spiegato
così sono tornata
a casa dopo il decimo
e gli ho dato trentuno
coltellate alla pancia
tre per ciascun aborto
più l'ultima in regalo

31)
i've had my share of abortions
ten for my husband
who always told me
that women can even
have as many as a hundred
abortions with ease
you just have to have them in time
they explained it all to him
so i came back
home after the tenth
and i stabbed him thirty-one
times in the belly
three for each abortion
and one more for good measure

Fabbrica delle idee

32)
adesso scrivo al papa
e glielo dico chiaro
e tondo che le cose
della chiesa non vanno
bene per niente affatto
basta guardarsi in giro
però evidentemente
il papa è circondato
da preti e cardinali
corrotti che non lasciano
che il papa il santo padre
veda com'è che vanno
veramente le cose
perché se lo vedesse
lui cambierebbe tutto
ma adesso io gli scrivo
e scrivo sulla lettera
da darsi di persona
al santo padre il papa
guai a chi guarda dentro
voglio proprio vedere

32)
now i'm going to write to the pope
and i'm going to tell him loud
and clear that church
matters are not going
well at all
just look around
but evidently
the pope is surrounded
by corrupt priests and
cardinals who don't let
the pope the holy father
see how things truly
stand because
if he saw all this
he'd change everything
but now i'm going to write to him
and i'm going to write on the letter
that it should be hand delivered
to his holy father the pope
don't anyone dare look inside
i mean i'd like to see them try

Fabbrica delle idee

33)
perché non credi in dio
se ti sta qui davanti
in persona incarnato
e sono il qui presente?
io se voglio domani
ti porto in paradiso
alla destra del padre
che sarebbe dio padre
io invece sono il figlio
dello spirito santo
nei secoli dei secoli
amen e arrivederci

33)
how can you not believe in god
when he's right here in front of you
in flesh and blood
none other than myself?
tomorrow if i wanted
i could take you to heaven
to stand at the father's right hand
but that's god the father
and i'm the son
of the holy spirit
forever and ever
amen and goodbye

Fabbrica delle idee

34)
io posso fare tutto
basta che mi ci metto
perché sono un artista
chi dice che non posso?
l'attore per esempio
cosa ci vuole a fare
l'attore? se mi trovo
un regista che crede
al mio talento faccio
anch'io un bel po' di film
e poi vedono quelli
che mi prendono in giro
quando vedono i film!
e l'architetto? posso
fare anche l'architetto
perché ho il senso del bello
e se tu c'hai il senso
del bello puoi ben fare
tutto quello che è estetico
non ti pare? e l'attore
è un bel lavoro estetico
e lo scrittore no?
so fare lo scrittore
se voglio e anche il pittore
basta che mi ci metto
ma adesso non c'ho il tempo

34)
i can do anything
i just have to put my mind to it
because i'm an artist
who says i can't?
acting for example
what does it take to be
an actor? if i find
a director who believes
in my talent i'll be able
to make a bunch of movies too
and then they'll all see everyone
who makes fun of me
when they watch the movies!
how about architecture? i could
also be an architect
because i have a sense of beauty
and if you have a sense
of beauty you can really do
anything that's aesthetic
don't you think? and acting
is truly an aesthetic job
and how about writing?
i can be a writer
if i want or even a painter
i just have to put my mind to it
but right now i don't have the time

Fabbrica delle idee

35)
è colpa di mia suocera
quella metteva il naso
dappertutto in cucina
e questo non va bene
per mio figlio e quell'altro
gli fa male allo stomaco
quest'altro non gli piace
e perché non cucini
abbastanza verdure
perché non fai la carne
usa un po' meno burro
usa l'olio d'oliva
questo manca di sale
quello è troppo salato
poi un bel giorno ho preso
la padella per friggere
e gliel'ho data in testa
almeno dieci volte
e poi ho fatto pranzo
per mio marito in pace

35)
it's all my mother-in-law's fault
she poked her nose
everywhere in the kitchen
with this isn't good
for my son and this one
gives him a stomach ache
and that one he doesn't like
and why don't you cook
more vegetables
why don't you make meat dishes
don't use so much butter
use olive oil
there's not enough salt in this
that's too salty
then one fine day i took up
the frying pan
and i smacked her on the head
at least ten times
and then i made lunch
for my husband in peace and quiet

Fabbrica delle idee

36)
dio non c'è non esiste
perché se lui ci fosse
non ci sarebbe il male
oppure se lui c'è
lui non è onnipotente
o non è un dio d'amore
come dicono i preti

36)
there is no god he doesn't exist
because if he did
there would be no evil
or if he is there
he's not omnipotent
or he's not the god of love
that priests say he is

Fabbrica delle idee

37)
una bomba ci vuole
una di quelle grosse
sotto montecitorio
quando stanno là dentro
tutti insieme a spartirsi
il nostro bene pubblico
ma un bel giorno vedranno

37)
we need to put a bomb
a really big one
under the capitol building
when they're all inside
divvying up
our public goods
but one day they'll get theirs

Fabbrica delle idee

38)
ma perché non mi parla
quello? tutti mi parlano
qui dentro meno quello
ma chi crede mai d'essere
quello? sempre impalato
a guardare che cosa?
ma che cos'è che guarda?
perché non me lo dice?
glielo chiedo con calma
in maniera educata
sono un uomo gentile
ma quello non risponde
un giorno o l'altro vede
vede cosa gli faccio
così impara a guardare
e a non dirmi mai niente

38)
why doesn't that guy talk
to me? everyone in here talks to me
except him
who does that guy think
he is? always stock still
looking at something?
what is he looking at?
why doesn't he tell me?
i'll ask him by and by
very politely
i'm a gentleman
but the guy doesn't answer
sooner or later he'll see
he'll see what i'll do to him
that'll teach him to look at things
and not say anything to me

39)
io non parlo da solo
perché non sono solo
quando sembra che parlo
da solo è perché parlo
con l'angelo custode
e a volte con gesù
ma già più raramente
perché lui c'ha da fare
e l'angelo custode
invece è tutto mio
m'ascolta e mi consola
e se non sono buono
lui me lo fa notare

39)
i don't talk to myself
because i'm not alone
when it looks like i'm talking
to myself it's because i'm talking
to my angel guardian
and sometimes to jesus
but not so often
because he's got lots to do
but my angel guardian
is all for me
he listens to me and comforts me
and if i'm not good
he lets me know

Fabbrica delle idee

40)
ma vi pare possibile?
ammazzare mia madre
perché e vecchia e malata
rincoglionita a letto
che serve un'infermiera
ventiquattr'ore al giorno
sette giorni su sette
e costa una fortuna
ma vi pare possibile?

The Factory of Ideas

40)
do you really believe that?
killing my mother
because she's old and infirm
demented lying in bed
needing a nurse
round the clock
seven days a week
and it costs a fortune
do you really believe that?

Fabbrica delle idee

41)
ce l'hanno con me tutti
mi vogliono far fuori
non lo dice nessuno
ma io lo so benissimo
vedo come mi guardano
e lo so cosa pensano
sono tutti d'accordo
si sono messi tutti
d'accordo farmi fuori
ecco che cosa vogliono

The Factory of Ideas

41)
everyone's got it in for me
they want to get rid of me
nobody says it out loud
but i know perfectly well
i see how they look at me
and i know what they're thinking
they're all in it together
they've all agreed
to get rid of me
now that's what they want

Fabbrica delle idee

42)
sparano cannonate
e tutto salta in aria
poi il nemico avanza
il gas le baionette
e sono tutti morti
tutti morti o feriti
anch'io sono ferito
ma lieve resto immobile
poi arrivano i nostri
e ammazzano i nemici
e mi portano in salvo
ma non sono un vigliacco
io non sono un vigliacco

42)
they unleash the cannons
and everything flies through the air
then the enemy advances
the gas the bayonets
and they're all dead
all dead or wounded
i'm also wounded
but only lightly i lie still
then our boys arrive
and wipe out the enemy
and they carry me to safety
but i'm not a coward
i am not a coward

Fabbrica delle idee

43)
nei film è tutto falso
cioè una montatura
non è la vita vera
sembra la vita vera
ma è solo un'apparenza
le persone nei film
sono persone vere
che però fanno finta
di fare quelle cose
che a te sembrano vere
ma ci sono i film dove
invece è tutto vero
e questi sono i film
erotici svedesi
tedeschi e americani
a me piacciono tanto
perché lì è tutto vero
non sono mica cose
dove tu puoi far finta

43)
everything in movies is fake
i mean it's a set up
it's not real life
it looks like real life
but that's just appearance
the people in movies
are real people
but they make believe
all those things
that seem real to you
but there are movies where
everything is actually real
and it's those movies
erotic Swedish
German and American ones
that i like best
because everything is real
those aren't things
where you can make believe

Fabbrica delle idee

44)
io sono sempre stato
anarchico ma come
quegli anarchici d'una
volta contro le guerre
contro padri e padroni
contro la religione
e se ho fatto due figli
li ho chiamati porcòdio
e diòcane così
che come me anche loro
abbiano in odio il padre

44)
i've always been an
anarchist but like
the anarchists of
old against wars
against fathers and masters
against religion
and when i had two sons
i named them goddamit
and godblastit so
that just like me
they would curse their father

Fabbrica delle idee

45)
nella mia posizione
di dio e di padreterno
sommo artista creatore
bisogna aver pazienza
e perdonare a tutti
quanti i loro peccati
anche a quelli cattivi
son io che li ho creati
ogni tanto lo grido
fate i buoni o vi mando
all'inferno ma dopo
che mi passano i nervi
io li perdono tutti

45)
in my capacity
as god and god the father
highest artist creator
i have to be patient
and forgive everyone
all of their sins
even the bad people
i'm the one who created them
sometimes i shout out
be good or else i'll send you
to hell but then
once i've calmed down
i forgive them all

Fabbrica delle idee

46)
mi dimentico sempre
qualcosa ma non quello
che a me mi servirebbe
proprio dimenticare
che è quello che mi ha fatto
mio papà quando ancora
ero piccola quando
mamma non era in casa
e papà mi diceva
di non dirlo alla mamma
era il nostro segreto
io non gliel'ho mai detto
non lo dico a nessuno
perché mi fa vergogna

46)
i always forget
something but not the one
thing that i really
ought to forget
and that's what my dad did
to me when i was
still a little girl when
mom wasn't at home
and dad told me
not to tell mom
it was our secret
i never told her
i don't tell anyone
because i'm so ashamed

Fabbrica delle idee

47)
quello che è dentro è fuori
non si può separare
quello che è sopra è sotto
non è la stessa cosa
ma è tutto collegato
il dentro al fuori il sopra
al sotto il vero al falso
e tutto si trasforma
e il tutto è sempre il vero
basta così e studiate!

47)
what's inside is outside
you can't separate it
what's above is what's below
it's not the same thing
but it's all connected
the inside to the outside the top
to the bottom the true to the false
and everything transforms
and the whole is always the true
that's enough now go study!

Fabbrica delle idee

48)
volevo il posto fisso
per potermi sposare
con la mia fidanzata
perché la sua famiglia
non voleva un pittore
spiantato senza i soldi
per mantenere moglie
e figli e si capisce
ma nessuno m'ha dato
il posto fisso allora
non ci siamo sposati
e ho incominciato a bere
sempre di più e di tutto
anche l'alcol etilico
quello per le ferite

48)
i wanted a steady job
so i could marry
my girlfriend
because her family
didn't want a penniless
painter with no money
to provide for wife
and children and that's understandable
but no one gave me
a steady job so
we didn't get married
and i started drinking
more and more anything i could get ahold of
even ethyl alcohol
that's used for wounds

Fabbrica delle idee

49)
mi hanno detto che stanno
studiando come fare
per cambiare il cervello
come fanno per reni
fegato cuore e gli altri
organi che si possono
cambiare quindi spero
che lo facciano presto
che già c'ho cinquant'anni
e di questo cervello
che mi porto qui dentro
è un po' che non ne posso
proprio ma proprio più

49)
i've been told that they're
learning how to
change brains
like they do with kidneys
livers hearts and other
organs that can be
changed so i hope
they figure it out soon
cause i'm already fifty
and this brain that
i've got inside it's been
awhile that i really
really can't take it anymore

Fabbrica delle idee

50)
quello che è mio è mio
quello che è tuo è tuo
ma se ti presto il mio
e non mi presti il tuo
a me non mi va bene
perché quello che è mio
è come fosse tuo
e quel che invece è tuo
non è mai anche mio

50)
what's mine is mine
what's yours is yours
but if i lend you what's mine
and you don't lend me what's yours
that's not all right by me
because what's mine
is as good as yours
but what's yours
is never also mine

51)
li leggete i giornali?
l'ascoltate la radio?
la guardate la tele?
sono cose da pazzi!

51)
do you read the papers?
do you listen to the radio?
do you watch tv?
it's nuts!

Fabbrica delle idee

52)
che belli i tranquillanti!
succede che al mattino
ti svegli e già capisci
che butta male male
che c'è lì il malumore
che sta a farti l'agguato
e allora tu t'arrabbi
perché ti dici insomma
non sono ancora sveglio
che già c'è il malumore
lì per saltarmi addosso
e dai calci a una sedia
dai pugni a una parete
prendi a sberle un vicino
che non ti ha fatto niente
cominci a urlare a dire
che ti vuoi ammazzare
e ti portano subito
l'iniezione calmante
che belli i tranquillanti!

52)
tranquilizers are great!
right from the morning
you wake up and you already know
that it's going to be really rough
that the black cloud
is there waiting for you
so you get angry
because you think well
i'm not awake yet
and the black cloud is already
there to jump on me
and you kick a chair
you punch the wall
you smack the guy next to you
who did you no wrong
you start yelling and saying
you want to kill yourself
and they rush to get you
the injection
tranquilizers are great!

Fabbrica delle idee

53)
siamo matti? sì grazie
al cielo che ci siamo
se non ci sono i matti
chi dà da lavorare
ai dottori dei matti
dei malati di mente
dei pazzi schizofrenici
paranoici ossessivi
squilibrati psicotici
ritardati lunatici
deficienti cretini?
se non ci sono i matti
il manicomio è inutile

53)
are we crazy or what? yes thank
heavens for us
if there were no headcases
to provide work
for the doctors who treat the insane
the mentally ill
schizophrenics
paranoiacs obsessives
nutjobs psychotics
retards lunatics
half-wits idiots
if there were no headcases
mental institutions would be useless

54)
perché non mi risponde?
io prego di continuo
e lui non mi risponde
ma cos'è che gli ho fatto?
non lo prego abbastanza?
cosa gli costerebbe?
visto che è onnipotente
lui scende giù un momento
e così tutti vedono
che con dio sono amico

54)
why doesn't he answer me?
i pray nonstop
and he doesn't answer
what have i done to him?
don't i pray enough?
what would it cost him?
i mean he's omnipotent
he could just come down for a second
so everyone would see
that i'm friends with god

Fabbrica delle idee

55)
la statua in corridoio
quella della madonna
quando passo davanti
mi sorride e mi strizza
l'occhio come per dirmi
che io e lei ci capiamo
perché mio figlio è in cielo
insieme al suo e sta bene
perché ha sofferto tanto
portando la sua croce
e ha meritato il regno
dei cieli come tutti
quelli che hanno sofferto
perché il dolore lava
tutte le colpe e quindi
adesso di sicuro
io come la madonna
sono senza peccato

55)
when i pass in front of
the statue in the hallway
the one of the madonna
she smiles and winks
at me as if she were telling me
that we understand one another
because my son is in heaven
along with hers and he's doing fine
because he suffered a lot
carrying his cross
and he earned his place in the kingdom
of heaven like everyone
who's suffered
because pain washes away
all our sins and so
now for sure
just like the madonna i
must be without sin

Fabbrica delle idee

56)
io canto tutto il giorno e
per chi non lo sapesse
sono una grande artista
puccini verdi mozart
ma canto anche volare
finché la barca va
e tanti altri successi
e tutti si innamorano
di me mentre che canto
chiudo gli occhi e lo sento
quell'amore che sale
dal mio pubblico immenso
io non amo nessuno
un'artista ama l'arte

56)
i sing all day long and
for those who don't know
i am a great artist
puccini verdi mozart
but i also sing volare
finché la barca va
and many other hits
and everyone falls in love
with me as i sing
i close my eyes and i feel it
the love that rises
from my vast audience
i love no one
an artist loves art

Fabbrica delle idee

57)
guarda gli uccelli in cielo
che volano contenti
ma perché non abbiamo
anche noi un bel paio
d'ali che così quando
sei triste ti alzi in volo
e subito le cose
diventano più piccole
e fanno meno male?

57)
look at the birds in the sky
that fly about happily
why don't we also
have a nice pair
of wings so that when
we're sad we can rise up
in flight and things
immediately become smaller
and hurt less?

Fabbrica delle idee

58)
è la gioia che un giorno
ti manca all'improvviso
è l'angelo del grigio
che ti tocca le labbra
con un dito per farti
tacere dentro al cuore
la voglia di sorridere

58)
it's joy that suddenly
disappears one day
it's the angel of greyness
that touches your lips
with its finger to put out
inside your heart
the desire to smile

Fabbrica delle idee

59)
non c'è una pietra uguale
all'altra io lo so
perché ho fatto per anni
collezione di sassi
o pietre che è lo stesso
sasso vuol dire pietra
la mia stanza era piena
di sassi e sassolini
tutti belli diversi
però adesso non posso
più far la collezione
allora nelle tasche
ne tengo una manciata
li conto di continuo
sono come un rosario

59)
no two stones are
alike i know that
because for years i've
collected stones
or rocks it's all the same
a stone means a rock
my room was full
of stones and pebbles
all lovely and different
but now i can no longer
keep a collection
so i keep a handful
in my pockets
i count them endlessly
like rosary beads

Fabbrica delle idee

60)
perché andare in pensione
quando non c'hai nessuno
a casa che t'aspetta
la sera quando torni
stanca che vai a letto
quasi subito dopo
mangiato perché il giorno
dopo c'hai così tanto
da fare? ma se il giorno
dopo non c'hai più niente
da fare e non sei stanca
perché ti puoi alzare
quando vuoi perché tanto
non ci sono più orari
cosa fai tutto il giorno?
e se non c'è nessuno
che ti fa compagnia
finisce che ti trovi
tutto sommato bene
a stare insieme ai matti

60)
why retire
when there's no husband
waiting for you at home
in the evening when you get back
tired and go to bed
right after
eating because the next
day you've got so much
to do? but if the next
day you don't have anything
else to do and you're not tired
because you can get up
whenever you want because anyway
you no longer have a schedule to keep
what do you do all day?
and if there's no one
to keep you company
you end up getting
pretty comfortable
hanging around with the mad

Fabbrica delle idee

61)
se provi ad ammazzarti
per qualche giorno sono
tutti quanti gentili
dottori ed infermieri
anche gli altri pazienti
e tutti che ti chiedono
perché perché l'hai fatto
ti portano dei dolci
ti portano dei fiori
e ti sembra davvero
che ti vogliano bene

The Factory of Ideas

61)
if you try to kill yourself
for a few days they're
all really nice
doctors and nurses
even the other patients
and everyone asks you
why why did you do it
they bring you sweets
they bring you flowers
and it really seems
like they care about you

Fabbrica delle idee

62)
ma vi rendete conto
che siamo su una palla
che gira su se stessa
di continuo e che gira
attorno al sole e il sole
gira attorno a una stella
che gira attorno a un'altra
mi gira già la testa
solamente a pensarci

62)
do you even realize
that we're on a ball
that rotates on itself
continuously and revolves
around the sun and the sun
revolves around a star
that revolves around another one
my head is already spinning
just thinking about it

Fabbrica delle idee

63)
io non ci credo a dio
li ho letti tutti i libri
che ha scritto questo dio
sono pieni di balle
perché credere a dio?
io invece credo al diavolo
che è tanto più simpatico

63)
i don't believe in god
i've read all the books
that this god has written
they're full of shit
why believe in god?
i believe in the devil
he's so much more fun

Fabbrica delle idee

64)
ho perso la memoria
e non ricordo più
chi sono veramente
ma sono uno importante
imperatore o papa
perché mi sento dentro
la superiorità
sopra il resto del mondo
e mi viene da dare
ordini a dritta e a manca
ma proprio dal profondo
della mia vera essenza
dov'era la memoria

64)
i've lost my memory
and i can no longer remember
who i really am
but i'm somebody important
an emperor or a pope
because i can feel that i'm
superior
above the rest of the world
and i get the urge to give
orders left and right
from really deep
within my true essence
where my memory once was

Fabbrica delle idee

65)
a me l'atto sessuale
completo non mi ha dato
mai tutto quel piacere
non c'ho tanta esperienza
comunque quella volta
che m'è successo credo
che mi sono anche detto
tutto qui? meglio farsi
della masturbazione
con le tue proprie mani
e inoltre si risparmia
perché con le signore
puttane che tu paghi
e poi non ci fai l'atto
completo sessualmente
hai sprecato dei soldi

65)
the complete sexual
act has never given me
all that much pleasure
i don't have a lot of experience
all the same that time
when it happened i think
i even wondered
is that it? it's better
to simply masturbate
with your own hands
and in fact you come out ahead
because with the lady
whores you pay for
if you don't go through with
the complete sexual act
you've wasted your money

Fabbrica delle idee

66)
padre nostro che sei
nei cieli con tuo figlio
e con sua madre moglie
di giuseppe non tua
padre nostro dicevo
che sei onnipotente
fa' che mia moglie venga
ogni tanto a trovarmi
e mi porti mio figlio
con o senza il marito
che lei si è presa adesso
che sarebbe il patrigno
di quello che è mio figlio

66)
our father who art
in heaven with your son
and with his mother wife
of joseph not yours
i was saying our father
who are omnipotent
make my wife come
to see me once in awhile
and bring my son
with or without the husband
she's now got
who's now the step-father
to my own son

Fabbrica delle idee

67)
perché nessuno compra
i miei quadri? perché?
sono un genio ma tutti
fanno finta di niente
se io prendo un coltello
e do un taglio a una tela
fanno finta di niente
se mescolo i colori
sulla tela con rabbia
fanno finta di niente
se sputo sulla tela
e ci tiro il caffè
il vino il minestrone
e poi mescolo tutto
coi pennelli e le mani
fanno finta di niente
ma è soltanto l'invidia
che sono un grande artista

67)
why does no one buy
my paintings? why?
i'm a genius but they all
look the other way
if i grab a knife
and slash a canvas
they look the other way
if i angrily scramble colors
on a canvas
they look the other way
if i spit on a canvas
and throw coffee on it
and wine and soup
and then i scramble everything
with brushes and with my hands
they look the other way
but they're just jealous
that i'm such a great artist

Fabbrica delle idee

68)
quando ride così
me ne innamoro subito
ma non solo per dieci
minuti m'innamoro
davvero che mi sembra
che non posso più vivere
senza di lei che invece
viene e mi fa l'amore
e poi si mette a ridere
così tutta contenta
e mi dice che mi ama
ma poi se ne va via
torna al suo padiglione
e passano magari
due settimane prima
che riesco a rivederla

68)
when she laughs like that
i instantly fall in love with her
but not just for ten
minutes i fall in love
for real and it feels
like i can't go on living
without her instead
she comes and makes love to me
and then she starts laughing
she's so happy
and she tells me she loves me
but then she leaves
she goes back to her wing
and maybe two weeks
pass before
i get to see her again

Fabbrica delle idee

69)
viva l'amore viva
il sesso viva il cazzo
viva la figa viva
le tette viva il culo
viva quelli che chiavano
come gli pare e piace
amore sesso amore
amore sempre amore
amore dappertutto

69)
hooray for love hooray
for sex hooray for cocks
hooray for pussies hooray
for tits hooray for asses
hooray for people who fuck
whoever and however they like
love sex love
love always love
love everywhere

Fabbrica delle idee

70)
a casa c'ho una macchina
che è più bella e più grossa
di quella del dottore
e c'ho pure l'autista
e quando voglio andare
in giro faccio un fischio
e lui mi porta dove
voglio e chiede il signore
ha qualche desiderio
particolare oppure
andiamo alla stazione
perché lui lo sa bene
che voglio sempre andare
al mio solito posto
la stazione dei treni
a guardare la gente
che mica c'ha la macchina
che mica c'ha l'autista
che non è fortunata
come me che se voglio
andare in qualche posto
basta dirlo all'autista

70)
at home i have a car
that's bigger and nicer
than the doctor's
and i even have a driver
and when i want to go
for a drive i whistle
and he takes me where
i want and he asks sir
do you have any
particular wish or
should we go to the station
because he knows right well
that i always want to go to
my usual place
the train station
to watch the people
who don't have cars
who don't have drivers
who are not lucky
like me who if i want
to go somewhere
all i have to do is tell my driver

Fabbrica delle idee

71)
se mi viene da piangere
piango e basta e se invece
mi viene giù da ridere
rido finché mi pare
ed è meglio così
se quelli trattenuti
che si tengono tutto
dentro poi un bel giorno
bello si fa per dire
prendono una pistola
e sparano nel mucchio
a chi prendono prendono

71)
if i feel like crying
i cry and that's it but
if i feel like laughing
i laugh to my heart's content
and it's better that way
if people are buttoned-up
and keep everything
inside one fine day
fine being a turn of phrase
they take a gun
and shoot into the crowd
and hit whoever they hit

Fabbrica delle idee

72)
io sono dio in persona
e chi non crede in me
finisce nell'inferno
insieme a satanasso
con cui c'ho litigato
tanti anni fa perché
lui c'aveva l'invidia
che ero dio e lui no
l'ho preso a sganassoni
e adesso sta all'inferno
e lì c'hanno la macchina
che fa l'elettroshock

72)
i'm god in person
and whoever doesn't believe in me
will end up in hell
along with lowly satan
who i had a big argument with
so many years ago because
he was gnawed by jealousy
that i was god and not him
i slapped him upside the head
and now he's in hell
and down there they have a machine
for electroshock

Fabbrica delle idee

73)
ho voluto gettarmi
nel pozzo perché un giorno
ho sentito un amore
sporco dentro alla testa
e dentro a tutto il corpo
e allora mi son detta
dentro al pozzo c'è l'acqua
pulita e mi ci butto
così mi lavo tutta

73)
i wanted to throw myself
into the well because one day
i felt a love that was
impure inside my head
and inside my whole body
so i told myself
inside the well there's clean
water and i jumped in
to wash myself all over

Fabbrica delle idee

74)
non vado alla corriera
io non ci vado più
ci andavo tutti i giorni
andavo alla fermata
ad aspettarmi e mai
dico mai una volta
che poi sono arrivato

74)
i don't go to the bus stop
i don't go anymore
i used to go every day
i went to the stop
to wait for myself but not once
not one single time
did i ever show up

Fabbrica delle idee

75)
sono un capo perfetto
mi rispettano tutti
e mi vogliono tutti
un gran bene e perché?
perché lavoro più
di tutti gli altri quando
i dipendenti vanno
a casa resto ancora
almeno un paio d'ore
al mattino alle otto
sono già lì da un pezzo
perché conta l'esempio
e quando non lavoro
mi preparo al lavoro
penso a come far meglio
perché il lavoro è tutto
e non puoi perder tempo
io non perdo mai tempo
guai a chi perde tempo

75)
i'm the perfect boss
everyone respects me
and everyone really
likes me and why?
because i work harder
than everyone else when
the employees go
home i stay on
for at least another two hours
at eight in the morning
i've already been there for awhile
because you have to set a good example
and when i'm not working
i'm preparing for work
i think about how to improve
because work is everything
and you can't waste time
and i never waste time
people who waste time beware

Fabbrica delle idee

76)
puttana a chi? perché?
non mi pagano mica
e poi che c'è di male
a fare un po' l'amore?
basta chiedermi in modo
educato portarmi
un fiore farmi qualche
complimento un sorriso
è semplice l'amore
è innocente l'amore

76)
who are you calling whore? why?
they don't pay me you know
and anyway what's so bad
about making love a little?
you just have to ask me
nicely bring me
a flower make me a few
compliments a smile
love is simple
love is innocent

Fabbrica delle idee

77)
quando il capo degli angeli
custodi arriva insieme
agli angeli minori
c'è un trambusto ma presto
arriva anche il silenzio
una pace che invade
tutto quanto il cervello
io mi metto in ascolto
chiudo gli occhi e ringrazio
ma non con le parole
non disturbo la pace

77)
when the boss of the angel
guardians arrives along with
the minor angels
there's a big to do but soon
silence descends as well
a peace that pervades
your whole mind
i prepare to listen
i close my eyes and give thanks
but not with words
i don't disturb the peace

Fabbrica delle idee

Poscritto

Questo libro deve molto alle letture che ho intrapreso nell'estate del 2011, quando ho scoperto la verità sull'esistenza di mio nonno, passata per più della metà nel manicomio di Racconigi (Cuneo), la fabbrica delle idee, come la gente lo chiamava. Tra queste letture, con due libri in particolare sono indebitato: *Graffiti della follia* di Ennio de Concini e *Le libere donne di Magliano* di Mario Tobino. Molti dei personaggi incontrati qui potrebbero essere gli stessi che popolano quei testi.

Postscript

This volume owes much to my readings during the summer of 2011 when I discovered where my grandfather had spent over half his life – the insane asylum of Racconigi (near Cuneo), *the factory of ideas*, as people called it. I am indebted to two books in particular: Ennio de Concini's **Graffiti della follia** and Mario Tobino's **Le libere donne di Magliano**. Many characters in this volume could come directly from those earlier texts.

Acknowledgements

The 77 individuals whose voices I tried to channel here are, or rather were, real people. Like my grandfather, they were all victims of an idea of "normality" that did not include them and, therefore, secluded them, confining their bodies to a cruel and repressive institution. Surviving the "insane asylums" until 1978, when the Basaglia Law finally closed them, was almost always at the expense of one's sanity.

If, at times, these voices sound too similar one to another, the fault is of course mine, but maybe also of an institution designed on purpose to repress and obliterate their personal differences.

Almost all of these texts have already appeared, sometimes in slightly different form, in literary journals in both the US and Italy. I'm grateful in particular to the editors of *Gradiva*, *L'immaginazione*, and *Literary Matters* for their hospitality.

I'm also grateful to the following friends who, at different times and in different ways provided some form of guidance and support: Alberto, Clara, Dacia, Dave, Dino, Donna, Emilio, Enrica, Ernesto, George, Ginevra, Gino R., Gino T., Greg, Luigi, Marc, Maria Grazia, Paolo, Patrizia, Valeria, Vittorio, Yu-Jin.

I'll be forever bound to the living and loving memory of Johannes and Carla Hoesle.

My most profound gratitude goes to Adriana Hoesle Borra, who bears with me when I get mad, Anis Memon, who took on himself the crazy task of translating these monologues into English, and Marco Vacchetti, whose beautiful and melancholy drawing provides the cover for the book.

Antonello Borra lives in Burlington and teaches Italian at the University of Vermont. His other volumes of poetry are *Frammenti di tormenti (prima parte)* (Longo: 2000), *Frammenti di tormenti (seconda parte)* (Lietocolle: 2006), *Alfabestiario* (Lietocolle: 2009), and the two illustrated, bilingual Italian-English *Alphabetabestiario* (Fomite: 2011) and *Alfabestiario* (Fomite: 2013), both translated by Blossom S. Kirschenbaum and illustrated by Delia Robinson.

His animal poems also appeared as *AlphabeTiere/Alfabestiario* (Kern: 2015), a bilingual German-Italian selection translated by Adriana Hoesle Borra and Barbara Krohn. His poetry appeared in many journals and magazines including *Ecozon@, Gradiva, In forma di parole, Italian Poetry Review, L'immaginazione, Literary Matters, Nuovi argomenti, Poesia,* and *Steve*.

He also translated into English a choice of Guittone's works *Guittone d'Arezzo Selected Poems and Prose* (University of Toronto Press, 2017).

Anis Memon currently lives and works in Vermont. He translates from Italian and French.

About Fomite

A fomite is a medium capable of transmitting infectious organisms from one individual to another.

"The activity of art is based on the capacity of people to be infected by the feelings of others." Tolstoy, *What Is Art?*

Writing a review on Amazon, Good Reads, Shelfari, Library Thing or other social media sites for readers will help the progress of independent publishing. To submit a review, go to the book page on any of the sites and follow the links for reviews. Books from independent presses rely on reader-to-reader communications.

For more information or to order any of our books, visit http://www.fomitepress.com/FOMITE/Our_Books.html

More Titles from Fomite...

Novels
Joshua Amses — *Ghatsr*
Joshua Amses — *During This, Our Nadir*
Joshua Amses — *Raven or Crow*
Joshua Amses — *The Moment Before an Injury*
Jaysinh Birjepatel — *The Good Muslim of Jackson Heights*
Jaysinh Birjepatel — *Nothing Beside Remains*
David Brizer — *Victor Rand*
Paula Closson Buck — *Summer on the Cold War Planet*
Dan Chodorkoff — *Loisaida*
David Adams Cleveland — *Time's Betrayal*
Jaimee Wriston Colbert — *Vanishing Acts*
Roger Coleman — *Skywreck Afternoons*
Marc Estrin — *Hyde*
Marc Estrin — *Kafka's Roach*
Marc Estrin — *Speckled Vanities*
Zdravka Evtimova — *In the Town of Joy and Peace*
Zdravka Evtimova — *Sinfonia Bulgarica*
Daniel Forbes — *Derail This Train Wreck*
Greg Guma — *Dons of Time*
Richard Hawley — *The Three Lives of Jonathan Force*
Lamar Herrin — *Father Figure*

Michael Horner — *Damage Control*
Ron Jacobs — *All the Sinners Saints*
Ron Jacobs — *Short Order Frame Up*
Ron Jacobs — *The Co-conspirator's Tale*
Scott Archer Jones — *And Throw the Skins Away*
Scott Archer Jones — *A Rising Tide of People Swept Away*
Julie Justicz — *A Boy Called Home*
Maggie Kast — *A Free Unsullied Land*
Darrell Kastin — *Shadowboxing with Bukowski*
Coleen Kearon — *Feminist on Fire*
Coleen Kearon — *#triggerwarning*
Jan English Leary — *Thicker Than Blood*
Diane Lefer — *Confessions of a Carnivore*
Rob Lenihan — *Born Speaking Lies*
Colin Mitchell — *Roadman*
Ilan Mochari — *Zinsky the Obscure*
Peter Nash — *Parsimony*
Peter Nash — *The Perfection of Things*
Gregory Papadoyiannis — *The Baby Jazz*
Pelham — *The Walking Poor*
Andy Potok — *My Father's Keeper*
Kathryn Roberts — *Companion Plants*
Robert Rosenberg — *Isles of the Blind*
Fred Russell — *Rafi's World*
Ron Savage — *Voyeur in Tangier*
David Schein — *The Adoption*
Lynn Sloan — *Principles of Navigation*
L.E. Smith — *The Consequence of Gesture*
L.E. Smith — *Travers' Inferno*
L.E. Smith — *Untimely RIPped*
Bob Sommer — *A Great Fullness*
Tom Walker — *A Day in the Life*
Susan V. Weiss — *My God, What Have We Done?*
Peter M. Wheelwright — *As It Is On Earth*
Suzie Wizowaty — *The Return of Jason Green*

Poetry
Anna Blackmer — *Hexagrams*

Antonello Borra — *Alfabestiario*
Antonello Borra — *AlphaBetaBestiaro*
Sue D. Burton — *Little Steel*
David Cavanagh — *Cycling in Plato's Cave*
James Connolly — *Picking Up the Bodies*
Greg Delanty — *Loosestrife*
Mason Drukman — *Drawing on Life*
J. C. Ellefson — *Foreign Tales of Exemplum and Woe*
Tina Escaja/Mark Eisner — *Caida Libre/Free Fall*
Anna Faktorovich — *Improvisational Arguments*
Barry Goldensohn — *Snake in the Spine, Wolf in the Heart*
Barry Goldensohn — *The Hundred Yard Dash Man*
Barry Goldensohn — *The Listener Aspires to the Condition of Music*
R. L. Green — *When You Remember Deir Yassin*
Gail Holst-Warhaft — *Lucky Country*
Raymond Luczak — *A Babble of Objects*
Kate Magill — *Roadworthy Creature, Roadworthy Craft*
Tony Magistrale — *Entanglements*
Andreas Nolte — *Mascha: The Poems of Mascha Kaléko*
Sherry Olson — *Four-Way Stop*
David Polk — *Drinking the River*
Aristea Papalexandrou/Philip Ramp — *Μας προσπερνά/It's Overtaking Us*
Janice Miller Potter — *Meanwell*
Philip Ramp — *The Melancholy of a Life as the Joy of Living It Slowly Chills*
Joseph D. Reich — *Connecting the Dots to Shangrila*
Joseph D. Reich — *The Hole That Runs Through Utopia*
Joseph D. Reich — *The Housing Market*
Joseph D. Reich — *The Derivation of Cowboys and Indians*
Kennet Rosen and Richard Wilson — *Gomorrah*
Fred Rosenblum — *Vietnumb*
David Schein — *My Murder and Other Local News*
Harold Schweizer — *Miriam's Book*
Scott T. Starbuck — *Industrial Oz*
Scott T. Starbuck — *Hawk on Wire*
Scott T. Starbuck — *Carbonfish Blues*
Seth Steinzor — *Among the Lost*
Seth Steinzor — *To Join the Lost*

Susan Thomas — *The Empty Notebook Interrogates Itself*
Susan Thomas — *In the Sadness Museum*
Paolo Valesio/Todd Portnowitz — *La Mezzanotte di Spoleto/Midnight in Spoleto*
Sharon Webster — *Everyone Lives Here*
Tony Whedon — *The Tres Riches Heures*
Tony Whedon — *The Falkland Quartet*
Claire Zoghb — *Dispatches from Everest*

Stories
Jay Boyer — *Flight*
Michael Cocchiarale — *Still Time*
Michael Cocchiarale — *Here Is Ware*
Neil Connelly — *In the Wake of Our Vows*
Catherine Zobal Dent — *Unfinished Stories of Girls*
Zdravka Evtimova —*Carts and Other Stories*
John Michael Flynn — *Off to the Next Wherever*
Derek Furr — *Semitones*
Derek Furr — *Suite for Three Voices*
Elizabeth Genovise — *Where There Are Two or More*
Andrei Guriuanu — *Body of Work*
Zeke Jarvis — *In A Family Way*
Arya Jenkins — *Blue Songs in an Open Key*
Jan English Leary — *Skating on the Vertical*
Marjorie Maddox — *What She Was Saying*
William Marquess — *Boom-shacka-lacka*
Gary Miller — *Museum of the Americas*
Jennifer Anne Moses — *Visiting Hours*
Martin Ott — *Interrogations*
Jack Pulaski — *Love's Labours*
Charles Rafferty — *Saturday Night at Magellan's*
Ron Savage — *What We Do For Love*
Fred Skolnik— *Americans and Other Stories*
Lynn Sloan — *This Far Is Not Far Enough*
L.E. Smith — *Views Cost Extra*
Caitlin Hamilton Summie — *To Lay To Rest Our Ghosts*
Susan Thomas — *Among Angelic Orders*
Tom Walker — *Signed Confessions*

Silas Dent Zobal — *The Inconvenience of the Wings*

Odd Birds
William Benton — *Eye Contact*
Micheal Breiner — *the way none of this happened*
J. C. Ellefson — *Under the Influence*
David Ross Gunn — *Cautionary Chronicles*
Andrei Guriuanu and Teknari — *The Darkest City*
Gail Holst-Warhaft — *The Fall of Athens*
Roger Leboitz — *A Guide to the Western Slopes and the Outlying Area*
dug Nap— *Artsy Fartsy*
Delia Bell Robinson — *A Shirtwaist Story*
Peter Schumann — *Bread & Sentences*
Peter Schumann — *Charlotte Salomon*
Peter Schumann — *Faust 3*
Peter Schumann — *Planet Kasper, Volumes One and Two*
Peter Schumann — *We*

Plays
Stephen Goldberg — *Screwed and Other Plays*
Michele Markarian — *Unborn Children of America*

Essays
Robert Sommer — *Losing Francis*